My Quotable Kid

My Quotable Kid

A Parents' Journal of Unforgettable Quotes

CHRONICLE BOOKS
SAN FRANCISCO

Illustration by Nikki Miles.

Copyright © 2022 by Chronicle Books LLC.
All rights reserved. No part of this book may
be reproduced in any form without written
permission from the publisher.

ISBN 978-1-7972-1486-3

Manufactured in China.

Design by Rachel Harrell.

FSC — MIX Paper — FSC™ C008047

10 9 8 7 6 5 4 3 2 1

Chronicle Books LLC
680 Second Street
San Francisco, California 94107
www.chroniclebooks.com

Quote: _____

_____

_____

_____

_____

_____

_____

_____

WHO: _____

_____

WHEN: _____ AGE: _____

WHERE: _____

_____

Quote: _____

_____

_____

_____

_____

_____

_____

_____

_____

_____

_____

WHO: _____

WHEN: _____ **AGE:** _____

WHERE: _____
_____

Quote: _____

_____

_____

_____

_____

_____

_____

_____

_____

_____

_____

_____

WHO: _____

WHEN: _____ AGE: _____

WHERE: _____

_____

Quote: _____

_____

_____

_____

_____

_____

_____

_____

_____

WHO: _____

_____

WHEN: _____ AGE: _____

WHERE: _____

_____

Quote: _____

_____

_____

_____

_____

_____

_____

_____

_____

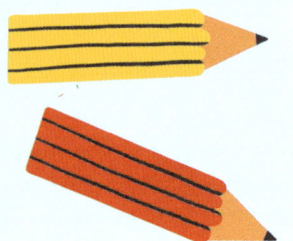

WHO: _____

_____

WHEN: _____ AGE: _____

WHERE: _____

_____

Quote: _____

_____

_____

_____

_____

_____

_____

_____

_____

_____

_____

WHO: _____

WHEN: _____ AGE: _____

WHERE: _____

_____

Quote: _____

_____

_____

_____

_____

_____

_____

_____

_____

_____

_____

WHO: _____

WHEN: _____ AGE: _____

WHERE: _____

_____

Quote: _____

_____

_____

_____

_____

_____

_____

_____

WHO: _____
_____
WHEN: _____ AGE: _____
WHERE: _____
_____

Quote: _____

_____

_____

_____

_____

_____

_____

_____

_____

WHO: _____

_____

WHEN: _____ AGE: _____

WHERE: _____

_____

Quote: _____

_____

_____

_____

_____

_____

_____

_____

_____

_____

WHO: _____

WHEN: _____ **AGE:** _____

WHERE: _____
_____

Quote: _____

_____

_____

_____

_____

_____

_____

_____

_____

_____

_____

_____

WHO: _____

WHEN: _____ AGE: _____

WHERE: _____

_____

Quote: _____

_____

_____

_____

_____

_____

_____

_____

_____

WHO: _____

_____

WHEN: _____ AGE: _____

WHERE: _____

_____

Quote: _____

_____

_____

_____

_____

_____

_____

_____

_____

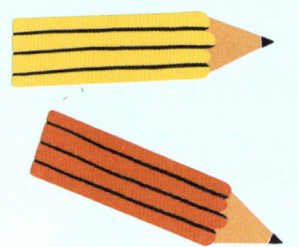

WHO: _____

_____

WHEN: _____ AGE: _____

WHERE: _____

_____

Quote: _____

_____

_____

_____

_____

_____

_____

_____

_____

_____

_____

WHO: _____

WHEN: _____ **AGE:** _____

WHERE: _____

_____

Quote: _____

_____

_____

_____

_____

_____

_____

_____

_____

_____

_____

_____

WHO: _____

WHEN: _____ AGE: _____

WHERE: _____

_____

Quote: _____

_____

_____

_____

_____

_____

_____

_____

WHO: _____

_____

WHEN: _____ AGE: _____

WHERE: _____

_____

Quote: _____

_____

_____

_____

_____

_____

_____

_____

_____

WHO: _____

_____

WHEN: _____ AGE: _____

WHERE: _____

_____

Quote: _____

_____

_____

_____

_____

_____

_____

_____

_____

_____

_____

WHO: _____

WHEN: _____ **AGE:** _____

WHERE: _____

_____

Quote: _____

_____

_____

_____

_____

_____

_____

_____

_____

_____

_____

_____

WHO: _____

WHEN: _____ AGE: _____

WHERE: _____

_____

Quote: _____

_____

_____

_____

_____

_____

_____

_____

_____

WHO: _____

_____

WHEN: _____ AGE: _____

WHERE: _____

_____

Quote: _____

_____

_____

_____

_____

_____

_____

_____

_____

WHO: _____

_____

WHEN: _____ AGE: _____

WHERE: _____

_____

Quote: _____

_____

_____

_____

_____

_____

_____

_____

_____

_____

_____

WHO: _____

WHEN: _____ **AGE:** _____

WHERE: _____

_____

Quote: _____

_____

_____

_____

_____

_____

_____

_____

_____

_____

_____

WHO: _____

WHEN: _____ AGE: _____

WHERE: _____

_____

Quote: _____

_____

_____

_____

_____

_____

_____

_____

WHO: _____

_____

WHEN: _____ AGE: _____

WHERE: _____

_____

Quote: _____

_____

_____

_____

_____

_____

_____

_____

_____

WHO: _____

_____

WHEN: _____ AGE: _____

WHERE: _____

_____

Quote: _____

_____

_____

_____

_____

_____

_____

_____

_____

_____

_____

WHO: _____

WHEN: _____ AGE: _____

WHERE: _____

_____

Quote: _____

_____

_____

_____

_____

_____

_____

_____

_____

_____

_____

WHO: _____

WHEN: _____ AGE: _____

WHERE: _____

_____

Quote: _____

_____

_____

_____

_____

_____

_____

_____

_____

WHO: _____

_____

WHEN: _____ AGE: _____

WHERE: _____

_____

Quote: _____

_____

_____

_____

_____

_____

_____

_____

_____

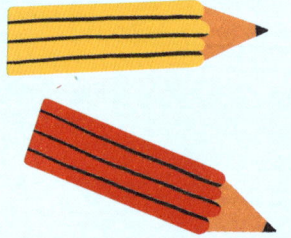

WHO: _____

_____

WHEN: _____ AGE: _____

WHERE: _____

_____

Quote: _____

_____

_____

_____

_____

_____

_____

_____

_____

_____

_____

WHO: _____

WHEN: _____ AGE: _____

WHERE: _____

_____

Quote: _____

_____

_____

_____

_____

_____

_____

_____

_____

_____

_____

_____

WHO: _____

WHEN: _____ AGE: _____

WHERE: _____

_____

Quote: _____

_____

_____

_____

_____

_____

_____

_____

_____

WHO: _____

_____

WHEN: _____ AGE: _____

WHERE: _____

_____

Quote: _____

_____

_____

_____

_____

_____

_____

_____

_____

WHO: _____

_____

WHEN: _____ AGE: _____

WHERE: _____

_____

Quote: _____

_____

_____

_____

_____

_____

_____

_____

_____

_____

WHO: _____

WHEN: _____ AGE: _____

WHERE: _____

_____

Quote: _____

_____

_____

_____

_____

_____

_____

_____

_____

_____

_____

WHO: _____

WHEN: _____ AGE: _____

WHERE: _____

_____

Quote: _____

_____

_____

_____

_____

_____

_____

_____

_____

WHO: _____

_____

WHEN: _____ AGE: _____

WHERE: _____

_____

Quote: _____

_____

_____

_____

_____

_____

_____

_____

_____

WHO: _____

_____

WHEN: _____ AGE: _____

WHERE: _____

_____

Quote: _____

_____

_____

_____

_____

_____

_____

_____

_____

_____

_____

WHO: _____

WHEN: _____ AGE: _____

WHERE: _____

_____

Quote: _____

_____

_____

_____

_____

_____

_____

_____

_____

_____

_____

WHO: _____

WHEN: _____ AGE: _____

WHERE: _____

_____

Quote: _____

_____

_____

_____

_____

_____

_____

_____

WHO: _____

_____

WHEN: _____ AGE: _____

WHERE: _____

_____

Quote: _____

_____

_____

_____

_____

_____

_____

_____

_____

WHO: _____

_____

WHEN: _____ AGE: _____

WHERE: _____

_____

Quote: _____

_____

_____

_____

_____

_____

_____

_____

_____

_____

_____

WHO: _____

WHEN: _____ **AGE:** _____

WHERE: _____

_____

Quote: _____

_____

_____

_____

_____

_____

_____

_____

_____

_____

_____

WHO: _____

WHEN: _____ AGE: _____

WHERE: _____

_____

Quote: _____

_____

_____

_____

_____

_____

_____

_____

_____

WHO: _____

_____

WHEN: _____ AGE: _____

WHERE: _____

_____

Quote: _____

_____

_____

_____

_____

_____

_____

_____

_____

WHO: _____

_____

WHEN: _____ AGE: _____

WHERE: _____

_____

Quote: _____

_____

_____

_____

_____

_____

_____

_____

_____

_____

WHO: _____

WHEN: _____ **AGE:** _____

WHERE: _____
_____

Quote: _____

_____

_____

_____

_____

_____

_____

_____

_____

_____

_____

WHO: _____

WHEN: _____ AGE: _____

WHERE: _____

_____

Quote: _____

_____

_____

_____

_____

_____

_____

_____

WHO: _____
_____

WHEN: _____ AGE: _____

WHERE: _____
_____

Quote: _____

_____

_____

_____

_____

_____

_____

_____

_____

WHO: _____

_____

WHEN: _____ AGE: _____

WHERE: _____

_____

Quote: _____

_____

_____

_____

_____

_____

_____

_____

_____

_____

WHO: _____

WHEN: _____ AGE: _____

WHERE: _____
_____

Quote: _____

_____

_____

_____

_____

_____

_____

_____

_____

_____

_____

_____

WHO: _____

WHEN: _____ AGE: _____

WHERE: _____

_____

Quote: _____

_____

_____

_____

_____

_____

_____

_____

_____

WHO: _____

_____

WHEN: _____ AGE: _____

WHERE: _____

_____

Quote: _____

_____

_____

_____

_____

_____

_____

_____

_____

WHO: _____

_____

WHEN: _____ AGE: _____

WHERE: _____

_____

Quote: _____

_____

_____

_____

_____

_____

_____

_____

_____

_____

WHO: _____

WHEN: _____ AGE: _____

WHERE: _____

_____

Quote: _____

_____

_____

_____
_____
_____
_____
_____
_____
_____
_____
_____

WHO: _____

WHEN: _____ AGE: _____

WHERE: _____

_____

Quote: _____

WHO: _____

WHEN: _____ AGE: _____

WHERE: _____

Quote: _____

_____

_____

_____

_____

_____

_____

_____

WHO: _____

_____

WHEN: _____ AGE: _____

WHERE: _____

_____

Quote: _____

_____

_____

_____

_____

_____

_____

_____

_____

_____

_____

WHO: _____

WHEN: _____ AGE: _____

WHERE: _____

Quote: _____

_____

_____

_____

_____

_____

_____

_____

_____

_____

_____

WHO: _____

WHEN: _____ AGE: _____

WHERE: _____

_____

Quote: _____

_____

_____

_____

_____

_____

_____

_____

_____

WHO: _____

_____

WHEN: _____ AGE: _____

WHERE: _____

_____

Quote: _____

_____

_____

_____

_____

_____

_____

_____

_____

WHO: _____

_____

WHEN: _____ **AGE:** _____

WHERE: _____

_____

Quote: _____

_____

_____

_____

_____

_____

_____

_____

_____

_____

WHO: _____

WHEN: _____ AGE: _____

WHERE: _____
_____

Quote: _____

_____

_____

_____

_____

_____

_____

_____

_____

_____

_____

WHO: _____

WHEN: _____ AGE: _____

WHERE: _____

_____

Quote: _____

_____

_____

_____

_____

_____

_____

_____

WHO: _____

_____

WHEN: _____ AGE: _____

WHERE: _____

_____

Quote: _____

_____

_____

_____

_____

_____

_____

_____

_____

WHO: _____

_____

WHEN: _____ AGE: _____

WHERE: _____

_____

Quote: _____

_____

_____

_____

_____

_____

_____

_____

_____

_____

_____

_____

WHO: _____

WHEN: _____ AGE: _____

WHERE: _____

_____

Quote: _____

_____

_____

_____

_____

_____

_____

_____

_____

_____

_____

WHO: _____

WHEN: _____ AGE: _____

WHERE: _____

_____

Quote: _____

_____

_____

_____

_____

_____

_____

_____

_____

WHO: _____

_____

WHEN: _____ AGE: _____

WHERE: _____

_____

Quote: _____

_____

_____

_____

_____

_____

_____

_____

_____

WHO: _____

_____

WHEN: _____ AGE: _____

WHERE: _____

_____

Quote: _____

_____

_____

_____

_____

_____

_____

_____

_____

_____

_____

WHO: _____

WHEN: _____ AGE: _____

WHERE: _____

_____

Quote: _____

_____

_____

_____

_____

_____

_____

_____

_____

_____

_____

WHO: _____

WHEN: _____ AGE: _____

WHERE: _____

_____

Quote: _____

_____

_____

_____

_____

_____

_____

_____

WHO: _____

_____

WHEN: _____ AGE: _____

WHERE: _____

_____

Quote: _____

_____
_____
_____
_____
_____
_____
_____
_____

WHO: _____
_____

WHEN: _____ AGE: _____

WHERE: _____
_____

Quote: _____

_____

_____

_____

_____

_____

_____

_____

_____

_____

_____

_____

WHO: _____

WHEN: _____ AGE: _____

WHERE: _____
_____

Quote: _____

_____

_____

_____

_____

_____

_____

_____

_____

_____

_____

WHO: _____

WHEN: _____ AGE: _____

WHERE: _____

_____

Quote: _____

_____

_____

_____

_____

_____

_____

_____

_____

WHO: _____

_____

WHEN: _____ AGE: _____

WHERE: _____

_____

Quote: _____

_____

_____

_____

_____

_____

_____

_____

_____

WHO: _____

_____

WHEN: _____ AGE: _____

WHERE: _____

_____

Quote: _____

_____

_____

_____

_____

_____

_____

_____

_____

_____

_____

WHO: _____

WHEN: _____ AGE: _____

WHERE: _____

_____

Quote: _____

_____

_____

_____

_____

_____

_____

_____

_____

_____

_____

WHO: _____

WHEN: _____ AGE: _____

WHERE: _____

_____

Quote: _____

_____

_____

_____

_____

_____

_____

_____

WHO: _____

_____

WHEN: _____ AGE: _____

WHERE: _____

_____

Quote: _____

_____

_____

_____

_____

_____

_____

_____

_____

WHO: _____

_____

WHEN: _____ AGE: _____

WHERE: _____

_____

Quote: _____

_____

_____

_____

_____

_____

_____

_____

_____

_____

_____

WHO: _____

WHEN: _____ AGE: _____

WHERE: _____

_____

Quote: _____

_____

_____

_____

_____

_____

_____

_____

_____

_____

_____

WHO: _____

WHEN: _____ AGE: _____

WHERE: _____

_____

Quote: _____

_____

_____

_____

_____

_____

_____

_____

WHO: _____

_____

WHEN: _____ AGE: _____

WHERE: _____

_____

Quote: _____

_____

_____

_____

_____

_____

_____

_____

_____

WHO: _____

_____

WHEN: _____ AGE: _____

WHERE: _____

_____

Quote: _____

_____

_____

_____

_____

_____

_____

_____

_____

_____

_____

_____

WHO: _____

WHEN: _____ AGE: _____

WHERE: _____

_____

Quote: _____

_____

_____

_____

_____

_____

_____

_____

_____

_____

_____

WHO: _____

WHEN: _____ AGE: _____

WHERE: _____

_____

Quote: _____

_____

_____

_____

_____

_____

_____

_____

WHO: _____

_____

WHEN: _____ AGE: _____

WHERE: _____

_____

Quote: _____

_____
_____
_____
_____
_____
_____
_____
_____

WHO: _____
_____
WHEN: _____ AGE: _____
WHERE: _____
_____

Quote: _____

_____

_____

_____

_____

_____

_____

_____

_____

_____

WHO: _____

WHEN: _____ AGE: _____

WHERE: _____

_____

Quote: _____

_____

_____
_____
_____
_____
_____
_____
_____
_____
_____

WHO: _____

WHEN: _____ AGE: _____

WHERE: _____

_____

Quote: _____

_____

_____

_____

_____

_____

_____

_____

_____

WHO: _____

_____

WHEN: _____ AGE: _____

WHERE: _____

_____

Quote: _____

_____

_____

_____

_____

_____

_____

_____

_____

WHO: _____

_____

WHEN: _____ AGE: _____

WHERE: _____

_____

Quote: _____

_____

_____

_____

_____

_____

_____

_____

_____

_____

WHO: _____

WHEN: _____ AGE: _____

WHERE: _____

_____

Quote: _____

_____

_____

_____

_____

_____

_____

_____

_____

_____

_____

WHO: _____

WHEN: _____ AGE: _____

WHERE: _____

_____

Quote: _____

WHO: _____

WHEN: _____ AGE: _____

WHERE: _____

Quote: _____

_____

_____

_____

_____

_____

_____

_____

_____

WHO: _____

_____

WHEN: _____ AGE: _____

WHERE: _____

_____

Quote: _____

_____

_____

_____

_____

_____

_____

_____

_____

_____

WHO: _____

WHEN: _____ **AGE:** _____

WHERE: _____

_____

Quote: _____

_____

_____

_____

_____

_____

_____

_____

_____

_____

_____

_____

WHO: _____

WHEN: _____ AGE: _____

WHERE: _____

_____

Quote: _____

_____

_____

_____

_____

_____

_____

_____

_____

WHO: _____
_____
WHEN: _____ AGE: _____
WHERE: _____
_____

Quote: _____

_____

_____

_____

_____

_____

_____

_____

_____

WHO: _____

_____

WHEN: _____ AGE: _____

WHERE: _____

_____

Quote: _____

_____

_____

_____

_____

_____

_____

_____

_____

_____

WHO: _____

WHEN: _____ AGE: _____

WHERE: _____

_____

Quote: _____

_____

_____

_____

_____

_____

_____

_____

_____

_____

_____

_____

WHO: _____

WHEN: _____ AGE: _____

WHERE: _____

_____

Quote: _____

_____

_____

_____

_____

_____

_____

_____

WHO: _____

WHEN: _____ AGE: _____

WHERE: _____

Quote: _____

_____
_____
_____
_____
_____
_____
_____
_____

WHO: _____
_____
WHEN: _____ AGE: _____
WHERE: _____
_____

Quote: _____

_____

_____

_____

_____

_____

_____

_____

_____

_____

_____

WHO: _____

WHEN: _____ AGE: _____

WHERE: _____

_____

Quote: _____

_____

_____

_____

_____

_____

_____

_____

_____

_____

_____

WHO: _____

WHEN: _____ AGE: _____

WHERE: _____

_____

Quote: _____

_____
_____
_____
_____
_____
_____
_____
_____

WHO: _____
_____

WHEN: _____ AGE: _____

WHERE: _____
_____

Quote: _____

_____

_____

_____

_____

_____

_____

_____

_____

WHO: _____

_____

WHEN: _____ AGE: _____

WHERE: _____

_____

Quote: _____

_____

_____

_____

_____

_____

_____

_____

_____

_____

_____

WHO: _____

WHEN: _____ AGE: _____

WHERE: _____
_____

Quote: _____

_____

_____

_____

_____

_____

_____

_____

_____

_____

_____

WHO: _____

WHEN: _____ AGE: _____

WHERE: _____

_____

Quote: _____

_____

_____

_____

_____

_____

_____

_____

WHO: _____
_____

WHEN: _____ AGE: _____

WHERE: _____
_____

Quote: _____

_____

_____

_____

_____

_____

_____

_____

_____

WHO: _____

_____

WHEN: _____ AGE: _____

WHERE: _____

_____

Quote: _____

_____

_____

_____

_____

_____

_____

_____

_____

_____

_____

WHO: _____

WHEN: _____ AGE: _____

WHERE: _____
_____

Quote: _____

_____

_____

_____

_____

_____

_____

_____

_____

_____

_____

WHO: _____

WHEN: _____ AGE: _____

WHERE: _____

_____

Quote: _____

_____
_____
_____
_____
_____
_____
_____
_____

WHO: _____
_____

WHEN: _____ AGE: _____

WHERE: _____
_____

Quote: _____

_____

_____

_____

_____

_____

_____

_____

_____

WHO: _____

_____

WHEN: _____ AGE: _____

WHERE: _____

_____

Quote: _____

_____

_____

_____

_____

_____

_____

_____

_____

_____

WHO: _____

WHEN: _____ AGE: _____

WHERE: _____
_____

Quote: _____

_____

_____

_____

_____

_____

_____

_____

_____

_____

_____

_____

WHO: _____

WHEN: _____ AGE: _____

WHERE: _____

_____

Quote: _____

_____

_____

_____

_____

_____

_____

_____

_____

WHO: _____

_____

WHEN: _____ AGE: _____

WHERE: _____

_____

Quote: _____

_____

_____

_____

_____

_____

_____

_____

WHO: _____

_____

WHEN: _____ AGE: _____

WHERE: _____

_____

Quote: _____

_____

_____

_____

_____

_____

_____

_____

_____

_____

_____

WHO: _____

WHEN: _____ AGE: _____

WHERE: _____

_____

Quote: _____

_____

_____

_____

_____

_____

_____

_____

_____

_____

_____

WHO: _____

WHEN: _____ AGE: _____

WHERE: _____

_____

Quote: _____

_____

_____

_____

_____

_____

_____

_____

_____

WHO: _____

_____

WHEN: _____ AGE: _____

WHERE: _____

_____

Quote: _____

_____

_____

_____

_____

_____

_____

_____

_____

WHO: _____

_____

WHEN: _____ AGE: _____

WHERE: _____

_____

Quote: _____

_____

_____

_____

_____

_____

_____

_____

_____

_____

_____

WHO: _____

WHEN: _____ **AGE:** _____

WHERE: _____

_____

Quote: _____

_____

_____

_____

_____

_____

_____

_____

_____

_____

_____

WHO: _____

WHEN: _____   AGE: _____

WHERE: _____

_____

Quote: _____

_____

_____

_____

_____

_____

_____

_____

WHO: _____

_____

WHEN: _____ **AGE:** _____

WHERE: _____

_____

Quote: _____

_____

_____

_____

_____

_____

_____

_____

_____

WHO: _____

_____

WHEN: _____ AGE: _____

WHERE: _____

_____

Quote: _____

_____

_____

_____

_____

_____

_____

_____

_____

_____

_____

WHO: _____

WHEN: _____ AGE: _____

WHERE: _____

_____

Quote: _____

WHO: _____

WHEN: _____ AGE: _____

WHERE: _____

Quote: _____

_____

_____

_____

_____

_____

_____

_____

WHO: _____

_____

WHEN: _____ AGE: _____

WHERE: _____

_____

Quote: _____

_____

_____

_____

_____

_____

_____

_____

WHO: _____

_____

WHEN: _____ AGE: _____

WHERE: _____

_____

Quote: _____

_____

_____

_____

_____

_____

_____

_____

_____

_____

_____

WHO: _____

WHEN: _____ AGE: _____

WHERE: _____

_____

Quote: _____

_____

_____

_____

_____

_____

_____

_____

_____

_____

_____

WHO: _____

WHEN: _____ AGE: _____

WHERE: _____
_____

Quote: _____

_____

_____

_____

_____

_____

_____

_____

WHO: _____

_____

WHEN: _____ AGE: _____

WHERE: _____

_____

Quote: _____

_____

_____

_____

_____

_____

_____

_____

_____

WHO: _____

_____

WHEN: _____ AGE: _____

WHERE: _____

_____

Quote: _____

_____

_____

_____

_____

_____

_____

_____

_____

_____

_____

WHO: _____

WHEN: _____ AGE: _____

WHERE: _____

_____

Quote: _____

_____

_____

_____

_____

_____

_____

_____

_____

_____

_____

WHO: _____

WHEN: _____ AGE: _____

WHERE: _____

_____